どっちを選ぶ？クイズで学ぶ！

インターネットサバイバル

全《ぜん》3巻《かん》 内容《ないよう》説明《せつめい》

1 インターネット

- 百科事典《ひゃっかじてん》サイトを見《み》つけた！
当然正《とうぜんただ》しいことが書《か》かれているよね？
- 宿題《しゅくだい》に役立《やくだ》ちそうなサイトを発見《はっけん》！
文章《ぶんしょう》をそのまま写《うつ》してもいい？
- コンピューターウイルスってよく
聞《き》くけど、感染《かんせん》するとどうなるの？
- 動画《どうが》の再生《さいせい》ボタンをクリックしたら、
お金《かね》を請求《せいきゅう》された！ どうする？　　など

2 S《エス》N《エヌ》S《エス》・メール

- SNS《エスエヌエス》の投稿《とうこう》で書《か》きこんでは
ダメなことってあるの？
- 撮《と》った写真《しゃしん》をSNS《エスエヌエス》に投稿《とうこう》したい！
アップしちゃいけないのは？
- 大好《だいす》きなアーティストの写真《しゃしん》。
応援《おうえん》になるし、アップしていいよね？
- 友《とも》だちにメッセージを送《おく》ろう！
やってはいけないことって？　　など

3 ゲーム・音楽《おんがく》・動画《どうが》

- 無料《むりょう》ダウンロードできるオンライン
ゲームがある！ でも本当《ほんとう》に無料《むりょう》なの？
- アカウントを貸《か》したらレベル上《あ》げを
してくれるって！ お願《ねが》いしてもいい？
- 好《す》きな曲《きょく》をスマホで聴《き》きたい！
どの音楽《おんがく》アプリからダウンロードしよう？
- みんなに見《み》せたいテレビ番組《ばんぐみ》。録画《ろくが》して
動画《どうが》サイトにアップしてもいい？　　など

どっちを選《えら》ぶ？クイズで学《まな》ぶ！

インターネットサバイバル

ゲーム・音楽《おんがく》・動画《どうが》

3

監修 鈴木朋子
（スマホ安全アドバイザー）
イラスト にしかわたく

日本図書センター

はじめに

調《しら》べものをしたり、SNS《エスエヌエス》（ソーシャル・ネットワーキング・サービス）で友《とも》だちと会話《かいわ》をしたり、ゲームや音楽《おんがく》を楽《たの》しんだり……。インターネットは、楽《たの》しくて便利《べんり》なもの。みなさんのなかにも、利用《りよう》している人《ひと》がたくさんいると思《おも》います。

でも、じつはネットには、とてもこわい面《めん》もあります。注意《ちゅうい》して利用《りよう》しないと、まわりに迷惑《めいわく》をかけてしまうことや、犯罪《はんざい》に巻《ま》きこまれてしまうことだってあるのです。

この本《ほん》に登場《とうじょう》する２人《ふたり》の主人公《しゅじんこう》にも、ゲームの課金《かきん》トラブル、アカウントののっとり、違法《いほう》アップロード・ダウンロードなど……、さまざまな問題《もんだい》がおこります。はたして２人《ふたり》は無《ぶ》事《じ》に問題《もんだい》をのりこえられるでしょうか？　なにが正《ただ》しいのか、どんな行動《こうどう》をとればいいのか、みなさんも２人《ふたり》といっしょにクイズに答《こた》えながら、考《かんが》えてみてください。

この本《ほん》を読《よ》んで、ネットの正《ただ》しい知識《ちしき》や使《つか》い方《かた》を知《し》っておけば、自分《じぶん》を守《まも》れるだけでなく、まわりの人《ひと》たちに迷惑《めいわく》をかけない行動《こうどう》だってできます。ネットはとても便利《べんり》なもの。こわいからといって遠《とお》ざけてしまうのは、もったいないことです。この本《ほん》をトラブル対策《たいさく》に役立《やくだ》てて、楽《たの》しんでください。

スマホ安全《あんぜん》アドバイザー　鈴《すず》木《き》朋《とも》子《こ》

＊SNS《エスエヌエス》の多《おお》くは13歳未満《さいみまん》の登録《とうろく》を禁止《きんし》しています。しかし、実際《じっさい》に利用《りよう》している子《こ》どもが多《おお》い実情《じつじょう》を考慮《こうりょ》して、本書《ほんしょ》ではとりあげています。

この本《ほん》の見方《みかた》

インターネットの知識《ちしき》や、正《ただ》しい使《つか》い方《かた》について、クイズにしているよ。

問題《もんだい》のむずかしさを３段階《だんかい》で表示《ひょうじ》しているよ。

問題《もんだい》の答《こた》えをイラストとともに紹介《しょうかい》するよ。

問題《もんだい》の選択肢《せんたくし》だよ。どちらが正《ただ》しいか自分《じぶん》で考《かんが》えてみよう。

答《こた》えについてくわしく説明《せつめい》しているよ。

問題《もんだい》に関係《かんけい》することがらを紹介《しょうかい》するコラムだよ。

マサキ

この本《ほん》の主人公《しゅじんこう》のひとり。オンラインのゲームが気《き》になっている。

カンナ

この本《ほん》の主人公《しゅじんこう》のひとり。大好《だいす》きな音楽《おんがく》を聴《き》くためにスマホを購入《こうにゅう》。

サバイバルマスター

インターネットを知《し》りつくしたアドバイザー。

もくじ

ーん…
れでねー
ポチ
ポチ

プロローグ　ネットは楽《たの》しいだけじゃない？

でもよく
がんばったわね!
♪
それじゃあ日曜日《にちようび》に
買《か》いにいくか!
日曜日《にちようび》
家電量販店《かでんりょうはんてん》
お父《とう》さん
早《はや》く帰《かえ》ろう!
ありがとう
ございました
→テレビ
H.V.D
コラコラ
あせらない
これで
使《つか》えるよ
ありがとう!
友《とも》だちに
見《み》せて
くるー!!
ぴゅーーっ
気《き》をつけて
いくんだよ〜
あれ?
今日《きょう》はみんな
来《き》てないの
かな…?
マサキ!

カンナ!
カンナのパパママ
みんななら
あっちのベンチに
いたよ!
それより…
もしかして
それ
タブレット?
うん! ついに
買《か》ってもらえたよ!
これさえあれば
インターネットを
使《つか》って
いろんなゲームで
あそべるんだ!!
へー!
すごいわね!
そういえばカンナは
パパとママといっしょに
どこかいくの?
えへへ
じつは
ね…
これからスマホを
買《か》いにいくのだー!!

インターネットを使《つか》って
いくらでも音楽《おんがく》を
聴《き》けるように
なるんだよー!!
あの曲《きょく》も!!
この曲《きょく》も!!
あのアイドルも!!
このグループも!!
キャー!!
キャー!!
音楽好《おんがくず》きの
カンナ
らしいね…
おっと!
スマホをもつなら
こんなにうかれてちゃ
ダメね!
ゴホン
え?
どうして?
スマホやタブレットは
すっごく便利《べんり》だけど
きちんとルールや使《つか》い方《かた》を
守《まも》らないと、たいへんなことに
なるんだって!! パパとママが
いってた!
カンナ
いくよー!
そろそろ
いかなきゃ!
マサキも
気《き》をつけてね!
うん
わかったよ
カンナが
いってたこと
本当《ほんとう》かな…?
友《とも》だちに見《み》せる
前《まえ》に家《いえ》で練習《れんしゅう》
してみるか!

問題《もんだい》1 アプリストアでダウンロードしたゲーム。これって安全《あんぜん》なんだよね？

むずかしさ★★★

アプリストア > ゲーム > RPG
パリドラ
ダウンロードする
評価《ひょうか》
はじめてパリを訪《おとず》れたドラゴンの物語《ものがたり》
ドラゴンと一緒
パリを冒険《ぼうけん》す
♪

A アプリを審査《しんさ》しているから安全《あんぜん》

安全《あんぜん》です

B 絶対《ぜったい》に安全《あんぜん》とはいえない

ウイルスに感染《かんせん》しました

答《こた》え B

絶対《ぜったい》に安全《あんぜん》とはいえない

ほぼ安全《あんぜん》だが審査《しんさ》をすりぬけるアプリも

ゲームや地図《ちず》などいろいろな機能《きのう》が使《つか》えるようになるアプリ。利用《りよう》するときはApp Store《アップストア》やGoogle Play《グーグルプレイ》などの公式《こうしき》のアプリストアでダウンロードしよう。公式《こうしき》ストアでは安全性《あんぜんせい》に問題《もんだい》がないかきちんと審査《しんさ》されているから、危険《きけん》なものはほぼないんだ。

でも、なかには審査《しんさ》をすりぬける安全性《あんぜんせい》に問題《もんだい》のある不正《ふせい》アプリもあるよ。このような不正《ふせい》アプリを見《み》ぬくため、ダウンロードするときは、かならずそのアプリの評価《ひょうか》をチェックしよう。

不正《ふせい》アプリの評価《ひょうか》は低《ひく》く、被害《ひがい》が書《か》かれていることも!

クイズ深掘《ふかぼ》り!

不正《ふせい》アプリってどんなもの?

不正《ふせい》アプリは、スマホのなかの大事《だいじ》な情報《じょうほう》を盗《ぬす》んだり、キミのスマホをのっとったりするよ。人気《にんき》のゲームアプリに見《み》せかけていたり、パスワード管理《かんり》などの便利《べんり》なアプリをよそおったりしているから、おとなでもついダウンロードしてしまうことがあるんだ。

問題《もんだい》2 街《まち》に出《で》てあそぶ位置情報《いちじょうほう》ゲーム。気《き》をつけないとおこることは？

むずかしさ★★★

A 交通事故《こうつうじこ》にあう

B タブレットが熱《あつ》くなりやけどする

答《こた》え A 交通事故《こうつうじこ》にあう

手元《てもと》に集中《しゅうちゅう》してしまい、注意力《ちゅういりょく》が下《さ》がる

実際《じっさい》の街《まち》を歩《ある》きながらプレイする位置情報《いちじょうほう》ゲーム。とても楽《たの》しいけれど、ルールを守《まも》らないと大《おお》きなトラブルを引《ひ》きおこす可《か》能性《のうせい》があるよ。ゲームをしながら歩《ある》くのは絶対《ぜったい》にやめよう。まわりへの注意力《ちゅういりょく》が下《さ》がって、交通事故《こうつうじこ》にあってしまうことがあるんだ。それに、気《き》づかないうちにかばんからものを盗《ぬす》まれるなんてこともあるよ。ほかにもゲームに熱中《ねっちゅう》しすぎて、人《ひと》の土地《とち》に勝《かっ》手《て》に入《はい》りこむなどの迷惑《めいわく》な行動《こうどう》が問題《もんだい》になっているよ。

安全《あんぜん》にゲームを楽《たの》しむためにルールやマナーを厳守《げんしゅ》しよう！

クイズ深掘《ふかぼ》り！

住《す》んでいる地域《ちいき》がバレる場合《ばあい》も

位置情報《いちじょうほう》ゲームは実際《じっさい》の街並《まちな》みを再現《さいげん》していることが多《おお》いよ。だから、ゲームの画面《がめん》をスクリーンショットなどでネットにアップすると、キミの居場所《いばしょ》がバレてしまうことがあるんだ。そうなったら、ストーカー被害《ひがい》にあったり誘拐《ゆうかい》されたりする危険《きけん》が増《ま》してしまう。十分注意《じゅうぶんちゅうい》しよう。

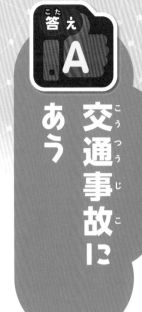

問題《もんだい》 3

無料《むりょう》ダウンロードできるオンラインゲームがある！　でも本当《ほんとう》に無料《むりょう》なの？

むずかしさ★★★

A 途中《とちゅう》からお金《かね》が必要《ひつよう》になることも

B お金《かね》がかかることはいっさいない

答《こた》え A

途《と》中《ちゅう》からお金《かね》が必《ひっ》要《よう》になることも

アイテムなどはお金《かね》がかかる場合《ばあい》も

ゲームアプリには、無料《むりょう》でダウンロードできるものがたくさんあるよ。だけど、ゲームのなかで使《つか》うアイテムを手《て》に入《い》れるには、お金《かね》がかかる場合《ばあい》があるんだ。

魅力的《みりょくてき》なゲームが無料《むりょう》でできるならあそんでみたくなるよね。じつはそれが制作者《せいさくしゃ》のねらい。まずは気軽《きがる》にダウンロードしてもらい、ゲームが盛《も》り上《あ》がってきたころにアイテムを買《か》ってもらう。そんなしくみでお金《かね》をかせげるようにしているんだ。

クイズ深掘《ふかぼ》り！

世界中《せかいじゅう》の人《ひと》と楽《たの》しめるオンラインゲーム

オンラインゲームは、スマホやタブレットなどをネットにつなげて楽《たの》しむゲームだよ。その特徴《とくちょう》は、ネットにつながっている人《ひと》といっしょにゲームができること。協力《きょうりょく》して敵《てき》をたおしたり、チャットで会話《かいわ》したりしながら進《すす》めていくことができるよ。

問題《もんだい》 4

オンラインゲームの有料《ゆうりょう》アイテムがほしい！　どうする？

むずかしさ★★★

A 家族《かぞく》に相談《そうだん》して買《か》ってもらう

B 家族《かぞく》のクレジットカードでこっそり買《か》う

A～Dから正《ただ》しいものを選《えら》んでね

￥500
電話料金《でんわりょうきん》といっしょにはらいますか？

C 電話料金《でんわりょうきん》にふくまれる設定《せってい》にして買《か》う

こつこつレベル上《あ》げだ!!
うおおー!!
勇者《ゆうしゃ》はレベル20になった!

D がまんしてお金《かね》をかけずにやる

答《こた》え

A・D

家族《かぞく》に相談《そうだん》して買《か》ってもらう、がまんしてお金《かね》をかけずにやる

家族《かぞく》にないしょで買《か》うのは絶対《ぜったい》ダメ！

ほしいアイテムが出《で》てきたからといって、自分《じぶん》の判断《はんだん》で勝手《かって》に買《か》ってはいけないよ。アイテムを買《か》うのに必要《ひつよう》なお金《かね》は本物《ほんもの》のお金《かね》。家族《かぞく》にきちんと相談《そうだん》して許可《きょか》をもらって買《か》おう。また、むやみにお金《かね》を使《つか》わず、がまんすることも大事《だいじ》だよ。

家族《かぞく》のクレジットカードを無断《むだん》で使《つか》ったり、勝手《かって》に電話料金《でんわりょうきん》といっしょにはらう設定《せってい》にしたりするのは絶対《ぜったい》にダメ。家族《かぞく》だとしても人《ひと》のお金《かね》を勝手《かって》に使《つか》うのは、どろぼうとおなじだよ。

気《き》づいたら数万円分《すうまんえんぶん》買《か》っていたということも

クイズ深掘《ふかぼ》り！

プリペイドカードは計画的《けいかくてき》に

コンビニなどで買《か》えるプリペイドカード。購入《こうにゅう》した金額分《きんがくぶん》だけ、ゲームのなかでお金《かね》を使《つか》えるよ。「自分《じぶん》のおこづかいなら自由《じゆう》に買《か》っていいよね」なんて、軽《かる》い気《き》もちでいると、お金《かね》を使《つか》いすぎてしまうことも。自分《じぶん》の判断《はんだん》だけで買《か》わず、家族《かぞく》にきちんと相談《そうだん》しよう。

SURVIVAL COLUMN

オンラインゲームの落《お》とし穴《あな》

オンラインゲームの多《おお》くは無料《むりょう》で始《はじ》められるようになっているよ。だけど、ゲームを進《すす》めていくうちに、お金《かね》をつぎこんでしまう人《ひと》も少《すく》なくないんだ。なぜそうなってしまうのか、ここではオンラインゲームのしくみを紹介《しょうかい》するよ。

1

無料《むりょう》で
モンスターストーリー
ダウンロード!!

無料《むりょう》でダウンロードできるから、始《はじ》めやすい。

2

レベル2
コインをゲットした!

最初《さいしょ》は敵《てき》が弱《よわ》く、ボーナスも多《おお》いから進《すす》めやすい。

3

ライフがゼロです
30分《ぷん》後《ご》にライフが「1」回復《かいふく》します

敵《てき》が強《つよ》くなってきて、だんだん進《すす》めなくなる。

4

このアイテムさえあれば…!
¥500
全回復《ぜんかいふく》の薬《くすり》

先《さき》に進《すす》めるために、アイテムを買《か》う。

5

¥500
¥500
¥1200
¥
前《まえ》も買ったし…!

アイテムがあると勝《か》てるので、また買《か》ってしまう。

ほかにも毎日《まいにち》あそぶことでアイテムがもらえるなどはまりやすいしくみがあるよ

このゲームはアイテムにお金《かね》がかかるよ
なるほど!

はまりすぎないようにするには?

ゲームを始《はじ》める前《まえ》に、おとなといっしょにゲームのしくみを確認《かくにん》しよう。どんなときにお金《かね》がかかるのか知《し》っておくことで、大量《たいりょう》にアイテムを買《か》ってしまうことを防《ふせ》げるよ。あわせて「アイテムを買《か》うのは月《つき》1回《かい》」などのルールも決《き》めておくといいね。

問題《もんだい》5 無料《むりょう》のWi-Fi《ワイファイ》スポットを発見《はっけん》！ これを使《つか》ってゲームをしてもいい？

むずかしさ★★★

A 使《つか》っていい

B 使《つか》っちゃダメ

答《こた》え B

使《つか》っちゃダメ

Wi-Fi《ワイファイ》回線《かいせん》は家《いえ》のものだけを使《つか》おう

スマホやタブレットなどをネットにつなぐWi-Fi《ワイファイ》。街《まち》のなかにある無料《むりょう》Wi-Fi《ワイファイ》スポットは、だれでも無料《むりょう》でネットにつなげることができる場所《ばしょ》だよ。でも、使《つか》うときは注意《ちゅうい》が必要《ひつよう》なんだ。

なぜなら無料《むりょう》Wi-Fi《ワイファイ》のなかには、安全性《あんぜんせい》が低《ひく》いものもあるから。それをねらって、悪《わる》い人《ひと》が「だれがどんなサイトを見《み》ているか」「どんなメッセージを送《おく》っているか」などを、のぞき見《み》ていることもあるんだ。大事《だいじ》な個人情報《こじんじょうほう》を盗《ぬす》まれないように注意《ちゅうい》しよう。

企業《きぎょう》やお店《みせ》の公式《こうしき》Wi-Fi《ワイファイ》のふりをしたにせものもあるよ

クイズ深《ふか》掘《ぼ》り!

データ通信料《つうしんりょう》にも注意《ちゅうい》!

Wi-Fi《ワイファイ》を使《つか》わないでスマホやタブレットをネットにつなぐと、やりとりするデータの量《りょう》に応《おう》じて、データ通信料《つうしんりょう》というお金《かね》がかかるよ。ゲームはとくにデータ通信料《つうしんりょう》が高《たか》くなりがち。だから、気《き》づいたら数万円分使《すうまんえんぶんつか》っていた、なんてこともありうるんだ。

問題《もんだい》 6

オンラインゲームで友《とも》だちをつくりたい！ なかよくなるには？

むずかしさ★★★

はじめまして！
よろしく
お願《ねが》いします！

A きちんとあいさつをする

全員《ぜんいん》に50の
ダメージ!!
回復《かいふく》を
お願《ねが》い
できますか？
はい！

B ていねいなことばを使《つか》う

A～Dから正《ただ》しいものを選《えら》んでね

C 住《す》んでいる場所《ばしょ》や年齢《ねんれい》を教《おし》え合《あ》う

D 実際《じっさい》に会《あ》ってみる

答《こた》え
A・B

きちんとあいさつをする、ていねいなことばを使《つか》う

礼儀《れいぎ》正《ただ》しいあいさつやことばづかいを

はじめていっしょにゲームをする相手《あいて》と話《はな》すのは、なんだか緊《きん》張《ちょう》するよね。だからといって、なにもいわないと相手《あいて》を不安《ふあん》にさせてしまうよ。まずはきちんとあいさつしよう。また、顔《かお》が見《み》えない分《ぶん》、いつもよりていねいなことばづかいをこころがけよう。

なかよくなりたいからといって、相手《あいて》や自分《じぶん》の個人情報《こじんじょうほう》を教《おし》え合《あ》うのはダメ。それに、実際《じっさい》に会《あ》うのもやめよう。なかには犯罪《はんざい》をたくらむ人《ひと》もいるということをわすれてはいけないよ。

マナーを守《まも》ることが友《とも》だちへの第《だい》1歩《ぽ》!

クイズ深掘《ふかぼ》り!

実生活《じっせいかつ》でもゲーム内《ない》でもマナーが大事《だいじ》なのはおなじ!

「ゲームでは顔《かお》が見《み》えないから」と思《おも》って、あいさつやことばづかいが雑《ざつ》になっていないかな? いいかげんな態度《たいど》や乱暴《らんぼう》なことばが相手《あいて》をキズつけるのは、実生活《じっせいかつ》もゲームもおなじ。マナーを守《まも》って気《き》もちよくゲームを楽《たの》しもう。

オンラインゲームでやってしまいがちな失敗《しっぱい》

ゲームのために、実生活《じっせいかつ》を犠牲《ぎせい》に

オンラインゲームは、仲間《なかま》と協力《きょうりょく》してプレイできる魅力的《みりょくてき》なゲーム。まるで、もう1つの世界《せかい》にいるみたいに感《かん》じることもあるんだ。だけど、ゲームの世界《せかい》やゲームの仲間《なかま》のことばかり考《かんが》えていると、実生活《じっせいかつ》に悪《わる》い影響《えいきょう》が出《で》てしまうかもしれないよ。

家族《かぞく》や友《とも》だちとのコミュニケーションが減《へ》る

オンラインゲームでは、仲間《なかま》との協力《きょうりょく》が必要《ひつよう》なイベントがつぎつぎと開催《かいさい》されるんだ。でも、それを優先《ゆうせん》しすぎると、家族《かぞく》や友《とも》だちと会話《かいわ》したり、いっしょにすごしたりする時間《じかん》が減《へ》ってしまうよ。

ほかの人《ひと》にうっかり個人情報《こじんじょうほう》をもらしてしまう

オンラインゲームには、ボイスチャットという機《き》能《のう》でゲームの仲間《なかま》と直接話《ちょくせつはな》せるものもあるよ。会《かい》話《わ》がより楽《たの》しめるいっぽう、うっかり個人情報《こじんじょうほう》などを話《はな》してしまいやすいから注意《ちゅうい》が必要《ひつよう》なんだ。

こころやからだが不健康《ふけんこう》になる

ゲームの世界《せかい》にはまりこんで、食事《しょくじ》や睡眠《すいみん》の時間《じかん》さえもけずってしまう……。こんな人《ひと》が増《ふ》えていることが、大《おお》きな問題《もんだい》になっているんだ。栄養不足《えいようぶそく》や寝不足《ねぶそく》は、からだやこころの健康《けんこう》をこわす原因《げんいん》になるよ。ゲームはかならず時間《じかん》を決《き》めてやろう。

問題《もんだい》 7

アカウントを貸《か》したらレベル上《あ》げをしてくれるって！ お願《ねが》いしてもいい？

むずかしさ★★★

!!
レベル上《あ》げ
してあげるよ！
アカウント貸《か》して！

A 貸《か》してもOK《オーケー》

お願《ねが》い
しちゃおう！
ありがとう！
ぼくのID《アイディー》と
パスワードは
〇〇〇〇-
×××××
です！

B 貸《か》しちゃダメ

うーん…
自分《じぶん》で
がんばり
ます！

答《こた》え
B
貸《か》しちゃダメ

アカウントをのっとられてしまうことも

レベルが足《た》りなくてゲームが進《すす》まなくなってきたとき、レベル上《あ》げをやってくれるって人《ひと》があらわれたら……。ついお願《ねが》いしたくなるかもしれないけれど、絶対《ぜったい》にアカウントを貸《か》してはダメ！

相手《あいて》が悪《わる》い人《ひと》だった場合《ばあい》、キミのアカウントがのっとられてしまうよ。すると、個人情報《こじんじょうほう》がもれるだけでなく、そのアカウントを犯罪《はんざい》に使《つか》われるかもしれない。もし犯罪《はんざい》に使《つか》われたら、警察《けいさつ》は最初《さいしょ》にアカウントのもち主《ぬし》であるキミのところへやってくるよ。

特別《とくべつ》なアイテムをアカウントごとうばわれる場合《ばあい》も

クイズ深掘《ふかぼ》り！

詐欺《さぎ》をもくろむ悪質《あくしつ》なプレイヤーもいる

「レベル上《あ》げをしてほしい！」という人《ひと》の気《き》もちを利用《りよう》して、お金《かね》を出《だ》せばレベル上《あ》げを代行《だいこう》するというプレイヤーもいるよ。お金《かね》を振《ふ》りこんだとたん、連絡《れんらく》がとれなくなるという詐欺事件《さぎじけん》も多《おお》くおきているんだ。

問題《もんだい》8 好《す》きな曲《きょく》をスマホで聴《き》きたい！ どの音楽《おんがく》アプリからダウンロードしよう？

むずかしさ★★★

すぐダウンロードしなきゃ!!

A 音楽《おんがく》アプリならどれでもOK《オーケー》

これでいいか
アプリストア ＞ 音楽《おんがく》
無料《むりょう》タダノリミュージック
★★☆☆☆
提供元《ていきょうもと》・不明《ふめい》

B 公式《こうしき》の音楽《おんがく》アプリ

公式《こうしき》のアプリね！
アプリストア ＞ 音楽《おんがく》
公式《こうしき》ニャインミュージック
★★★★☆
提供元《ていきょうもと》・ニャイン

答《こた》え B 公式《こうしき》の音楽《おんがく》アプリ

著作権法違反《ちょさくけんほういはん》につながる

たくさんの音楽《おんがく》を無料《むりょう》ダウンロードできるアプリは、アーティストの許可《きょか》を得《え》ていない違法《いほう》アプリの可能性《かのうせい》が高《たか》いよ。だから利用《りよう》してはダメ。音楽《おんがく》や絵《え》など、作品《さくひん》をつくった人《ひと》には著作権《ちょさくけん》があって、作品《さくひん》の売《う》り上《あ》げは著作権《ちょさくけん》をもつ人《ひと》にはらわれるんだ。でも、キミが違法《いほう》アプリで音楽《おんがく》をダウンロードしたら、アーティストにはお金《かね》が入《はい》らない。するとそのアーティストは、新《あたら》しい曲《きょく》がつくれなくなってしまうかもしれないよ。

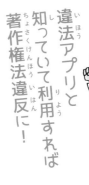

クイズ深掘《ふかぼ》り！

無料《むりょう》ダウンロードしていい曲《きょく》も

クラシック音楽《おんがく》などの古《ふる》い曲《きょく》のなかには、著作《ちょさく》権《けん》が切《き》れているものもある。また、作者《さくしゃ》が「だれでも自由《じゆう》に使《つか》ってよい」と許可《きょか》を出《だ》している曲《きょく》もあるんだ。このような曲《きょく》は、無料《むりょう》ダウンロードしてもOK《オーケー》。サイトの説明《せつめい》をよく読《よ》んで判断《はんだん》しよう。むずかしい場合《ばあい》は、おとなに相談《そうだん》してね。

問題《もんだい》
9

お父《とう》さんが買《か》ったCD《シーディー》の曲《きょく》をスマホに移《うつ》してた！　これっていいの？

むずかしさ★★★

A　違法《いほう》だからダメ

B　違法《いほう》じゃないからOK《オーケー》

答《こた》え **B**

違法《いほう》じゃないからOK《オーケー》

CD《シーディー》ショップ
CD

個人的《こじんてき》に楽《たの》しむだけならOK《オーケー》

買《か》ってきた音楽《おんがく》CD《シーディー》などの作品《さくひん》をパソコンやスマホなどにコピーする場合《ばあい》、基本的《きほんてき》には作者《さくしゃ》の許可《きょか》が必要《ひつよう》だよ。だけど例外《れいがい》として、個人《こじん》、またはその家族《かぞく》か家族《かぞく》に近《ちか》い者《もの》だけで利用《りよう》する場合《ばあい》は、許可《きょか》をとらなくてもOK《オーケー》とされているんだ。

つまり、コピーしたデータをクラスの友《とも》だちに配《くば》るのはダメ。「友《とも》だちにも聴《き》かせたい！」と思《おも》っても、ぐっとこらえることが大好《だいす》きなアーティストを守《まも》ることにつながるよ。

個人利用《こじんりよう》ならレンタル店《てん》で借《か》りたCD《シーディー》もコピーOK《オーケー》！

クイズ深掘《ふかぼ》り！

みんなにも聴《き》いてもらうぞ♪
CD《シーディー》のデータをアップロードしますか？

ネットへアップするのはダメ

CD《シーディー》のデータをネットにアップするのは絶対《ぜったい》ダメだよ。著作権《ちょさくけん》をもつ人《ひと》の許可《きょか》なく、勝手《かって》に作品《さくひん》を利用《りよう》するのは著作権法違反《ちょさくけんほういはん》。逮捕《たいほ》されたり罰金《ばっきん》をはらうことになったりする場合《ばあい》もあるよ。ネットは調《しら》べればすぐにだれがアップしたかわかるんだ。音楽《おんがく》はルールを守《まも》って楽《たの》しもう。

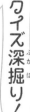

問題《もんだい》 10

音楽《おんがく》を聴《き》くならサブスクがお得《とく》なんだって。サブスクってどんなもの？

むずかしさ★★★

A 月額料金《げつがくりょうきん》をはらえば1か月《げつ》音楽《おんがく》聴《き》き放題《ほうだい》

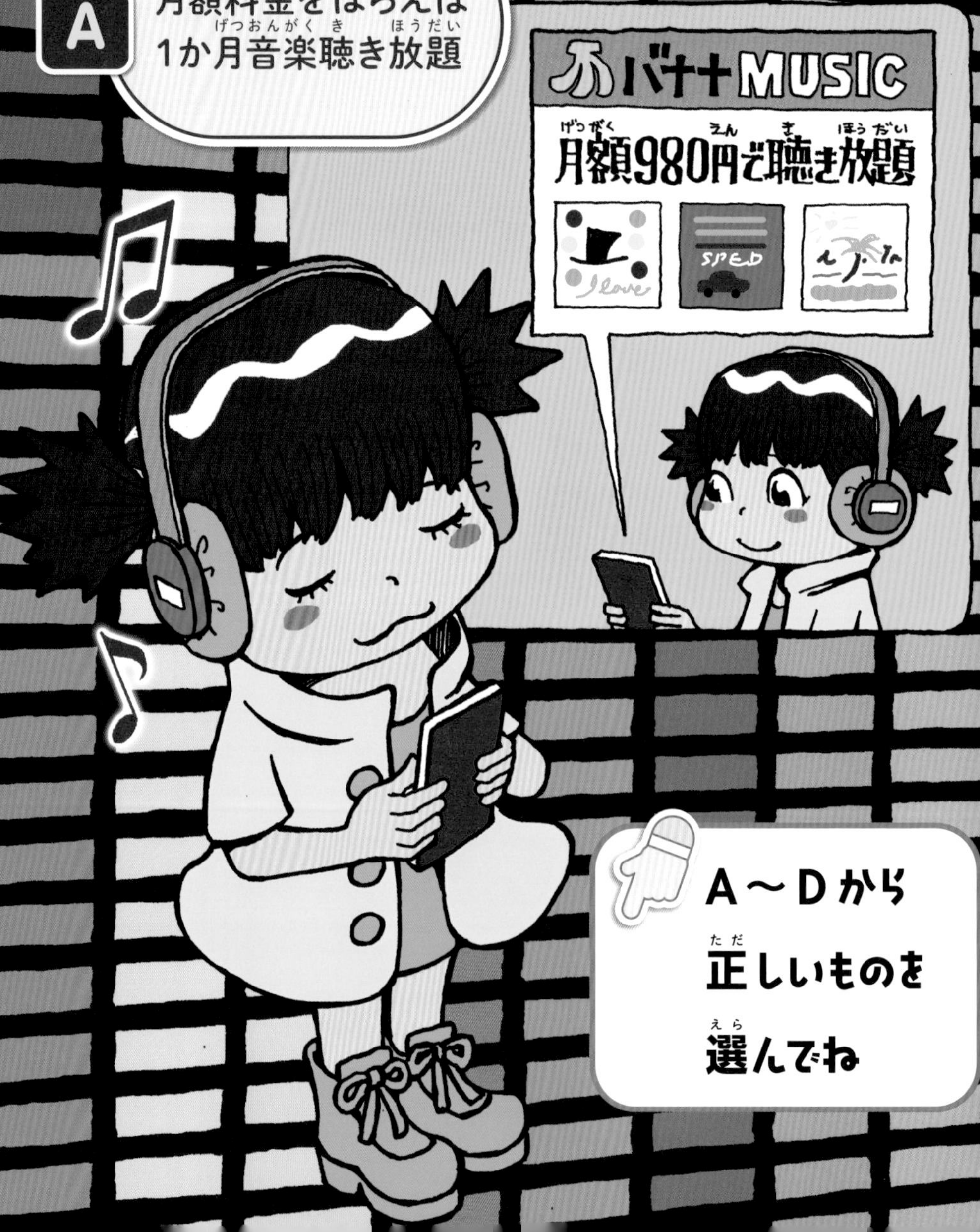

A～Dから正《ただ》しいものを選《えら》んでね

B 一度《いちど》お金《かね》をはらえば
ずっと音楽《おんがく》聴《き》き放題《ほうだい》

C どんな曲《きょく》でも聴《き》ける

D データ通信料《つうしんりょう》が
かからない

答《こた》え

A

月額料金《げつがくりょうきん》をはらえば1か月《げつ》音楽《おんがく》聴《き》き放題《ほうだい》

定額《ていがく》で使《つか》い放題《ほうだい》のお得《とく》なサービス

サブスクとはサブスクリプションサービスのこと。一定《いってい》の金額《きんがく》をはらえば、一定《いってい》の期間《きかん》、そのサービスを受《う》けられるしくみなんだ。音楽《おんがく》のサブスクは、音楽《おんがく》アプリなどに登録《とうろく》されている曲《きょく》のなかから好《す》きな音楽《おんがく》をいくらでも聴《き》くことができるよ。

もちろん登録《とうろく》されていない曲《きょく》は、聴《き》くことができないよ。それに、曲《きょく》をダウンロードするときなどには、月額料金《げつがくりょうきん》とはべつにデータ通信料《つうしんりょう》(→21ページ)がかかるから注意《ちゅうい》しようね。

クイズ深《ふか》掘《ぼ》り!

なにも聴《き》かなくても契約《けいやく》している限《かぎ》りお金《かね》がかかる

サブスクリプションサービスを利用《りよう》すれば、いくら曲《きょく》を聴《き》いても決《き》まった金額《きんがく》しかかからない。だけどそのいっぽうで、曲《きょく》をまったく聴《き》かなくてもおなじだけお金《かね》がかかるよ。あまり使《つか》わなくなったら、早《はや》めに解約《かいやく》しよう。

いろいろなサブスクリプションサービス

音楽《おんがく》以外《いがい》にも、ネットで利用《りよう》できるサブスクリプションサービスはいろいろあるよ。本《ほん》や動画《どうが》、さらには学習塾《がくしゅうじゅく》など、さまざまな分野《ぶんや》で提供《ていきょう》されているんだ。自分《じぶん》に合《あ》ったサービスを見《み》つければ、趣味《しゅみ》や勉強《べんきょう》に幅広《はばひろ》く役立《やくだ》てることができるよ。

本《ほん》や雑誌《ざっし》、マンガ

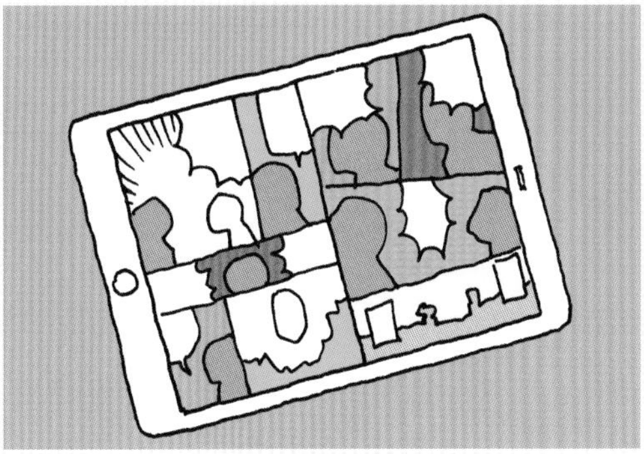

「たくさんの本《ほん》や雑誌《ざっし》、マンガが読《よ》みたいけれど、そんなに買《か》えない……」という人《ひと》におすすめなのが本《ほん》のサブスク。選《えら》べる本《ほん》は何万冊《なんまんさつ》もあるから、本屋《ほんや》や図書館《としょかん》で見《み》つからない本《ほん》も読《よ》めるかもしれないよ。もち歩《ある》きが楽《らく》で場所《ばしょ》をとらないのも魅力《みりょく》だね。

テレビ番組《ばんぐみ》や映画《えいが》

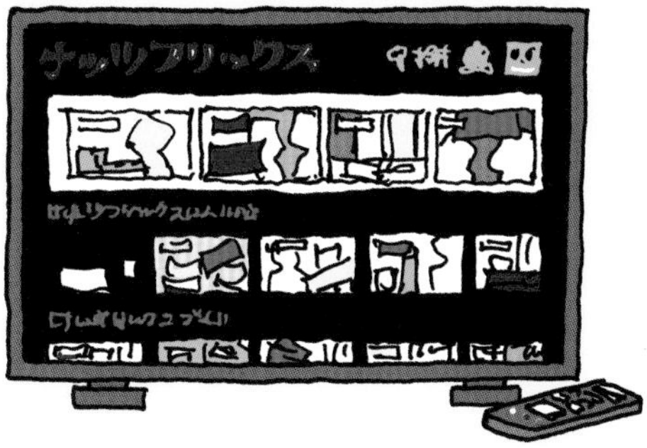

見逃《みのが》してしまったテレビ番組《ばんぐみ》や映画《えいが》も、サブスクを使《つか》えばいつでも観《み》られるよ。もちろん何回《なんかい》観《み》てもかかるお金《かね》はおなじなんだ。スマホやタブレット、パソコンだけではなく、大《おお》きなテレビ画面《がめん》に映《うつ》して楽《たの》しむこともできるよ。

学習塾《がくしゅうじゅく》

先生《せんせい》の授業《じゅぎょう》が動画《どうが》で何度《なんど》も観《み》られたり、質問《しつもん》に答《こた》えてもらえたりと、勉強《べんきょう》に役立《やくだ》つ機能《きのう》がいろいろ使《つか》える学習塾《がくしゅうじゅく》のサブスク。動画《どうが》は何度《なんど》も観《み》られるから、一度《いちど》でわからなくても安心《あんしん》。じょうずに使《つか》えば苦手科目《にがてかもく》を集中《しゅうちゅう》して克服《こくふく》することもできるはず。

問題《もんだい》 11 みんなに見《み》せたいテレビ番組《ばんぐみ》。録画《ろくが》して動画《どうが》サイトにアップしてもいい？

むずかしさ★★★

A アップしてはダメ

B テレビ番組《ばんぐみ》は無料《むりょう》で観《み》られるのでOK《オーケー》

答《こた》え A

アップしてはダメ

著作権《ちょさくけん》や肖像権《しょうぞうけん》の侵害《しんがい》になる

無料《むりょう》で観《み》られるテレビ番組《ばんぐみ》にも、その番組《ばんぐみ》をつくった人《ひと》に著作権《ちょさくけん》があるよ。だから勝手《かって》に利用《りよう》できないんだ。また、出演者《しゅつえんしゃ》には肖像権《しょうぞうけん》という権利《けんり》がある。肖像権《しょうぞうけん》は「本人《ほんにん》の許可《きょか》なく、そのすがたを公開《こうかい》されない権利《けんり》」のこと。テレビで放送《ほうそう》する許可《きょか》は出《で》ていても、勝手《かって》に動画《どうが》サイトにアップすることは許可《きょか》されていないんだ。これらを無視《むし》してアップした場合《ばあい》、やっぱり逮捕《たいほ》されたりうったえられたりすることになるんだよ。

もちろんDVD《ディーブイディー》などの内容《ないよう》をアップするのもダメ！

クイズ深掘《ふかぼ》り！

一部《いちぶ》をSNS《エスエヌエス》にアップするのもダメ！

「全部《ぜんぶ》じゃなくて名場面《めいばめん》だけ！」と、テレビ番組《ばんぐみ》を撮影《さつえい》した動画《どうが》や写真《しゃしん》をSNS《エスエヌエス》にアップするのも著作権《ちょさくけん》や肖像権《しょうぞうけん》の侵害《しんがい》になるよ。番組《ばんぐみ》の一部《いちぶ》だけであっても、SNS《エスエヌエス》であっても、勝手《かって》にたくさんの人《ひと》が観《み》られるようにする行為《こうい》は、すべて認《みと》められていないんだ。

問題《もんだい》
12

無料《むりょう》で映画《えいが》をダウンロードし放題《ほうだい》のサイトを発見《はっけん》！ 利用《りよう》してもいい？

むずかしさ★★★

A 利用《りよう》してはダメ

B 利用《りよう》してもOK《オーケー》

答《こた》え
A

利用《りよう》してはダメ

ダウンロードしただけでも犯罪《はんざい》に！

映画《えいが》など、本来《ほんらい》お金《かね》をはらわないと観《み》られないものが1本《ぼん》まるまる観《み》られる場合《ばあい》は、違法《いほう》アップロードの可能性《かのうせい》が高《たか》いよ。違法《いほう》な動画《どうが》と知《し》っていながらダウンロードすると、犯罪《はんざい》になることも。それに音楽《おんがく》の違法《いほう》アプリとおなじく、違法《いほう》サイトを利用《りよう》すると作品《さくひん》をつくった人《ひと》にお金《かね》が入《はい》らないんだ。データの作品《さくひん》には形《かたち》がないけれど、お店《みせ》の商品《しょうひん》とおなじようにお金《かね》をはらうべきもの。それを無料《むりょう》で観《み》るのは、万引《まんび》きをしているのと変《か》わらないよ。

公式《こうしき》サイトや映画館《えいがかん》、DVD《ディーブイディー》で観《み》ることが作品《さくひん》の応援《おうえん》に！

クイズ深掘《ふかぼ》り！

ほかの人《ひと》がつくった作品《さくひん》はすべてアップしてはいけない

音楽《おんがく》やテレビ番組《ばんぐみ》、映画《えいが》以外《いがい》にも勝手《かって》にネットにアップしてはいけないものがあるよ。たとえば本《ほん》のなかみを撮《と》った写真《しゃしん》、歌詞《かし》などもダメ。自分《じぶん》の好《す》きなものを宣伝《せんでん》するつもりでも、それが逆効果《ぎゃくこうか》になってしまうことをおぼえておこう。

問題《もんだい》13 違法《いほう》アップロード動画《どうが》を見《み》つけた! 管理者《かんりしゃ》に削除《さくじょ》してもらえるかな?

むずかしさ★★★

A お願《ねが》いすれば削除《さくじょ》してもらえる

B お願《ねが》いしても削除《さくじょ》されない

答《こた》え B

お願《ねが》いしても削除《さくじょ》されない

削除《さくじょ》してもらえるのは著作権《ちょさくけん》をもつ人《ひと》だけ

違法《いほう》アップロードされている映画《えいが》やテレビ番組《ばんぐみ》。これらの削《さく》除《じょ》をサイトの管理者《かんりしゃ》にお願《ねが》いできるのは、著作権《ちょさくけん》や肖像権《しょうぞうけん》をもっている本人《ほんにん》だけなんだ。だけど、違法《いほう》アップロードであることを通報《つうほう》することはできるよ。通報《つうほう》が増《ふ》えれば、権利《けんり》をもつ人《ひと》からの申請《しんせい》がなくても、削除《さくじょ》してもらえる可能性《かのうせい》があるんだ。

通報以外《つうほういがい》でキミができることは、違法《いほう》アップロード動画《どうが》を観《み》ないこと。観《み》る人《ひと》が減《へ》れば、違法《いほう》アップロードも減《へ》っていくよ。

多《おお》くの動画《どうが》サイトに通報《つうほう》の機能《きのう》があるよ!

クイズ深掘《ふかぼ》り!

作品《さくひん》を組《く》み合《あ》わせた動画《どうが》も著作権侵害《ちょさくけんしんがい》に

動画《どうが》サイトなどで、映画《えいが》の名場面《めいばめん》などを組《く》み合《あ》わせた動画《どうが》がアップされているのを見《み》たことがあるかな。じつは、それらも違法《いほう》。ほかの人《ひと》の作《さく》品《ひん》を勝手《かって》につくりかえて公開《こうかい》してはいけないんだ。こうした動画《どうが》も観《み》ないことで抵抗《ていこう》しよう。

問題《もんだい》14 小学生《しょうがくせい》でもフリマアプリで物《もの》を売《う》ったり買《か》ったりできるのかな？

むずかしさ★★★

A 未成年《みせいねん》だからできない

B 保護者《ほごしゃ》が許可《きょか》すればできる場合《ばあい》もある

答《こた》え B

保護者《ほごしゃ》が許可《きょか》すればできる場合《ばあい》もある

売《う》り買《か》いはかならずおとなといっしょに

いらなくなった物《もの》を必要《ひつよう》としている人《ひと》に売《う》ったり、ほしい物《もの》をほかの人《ひと》から安《やす》く買《か》ったりできるフリマアプリ。かんたんな操作《そうさ》で売《う》り買《か》いができてとても便利《べんり》なんだ。そのなかには、保護者《ほごしゃ》の許可《きょか》があれば小学生《しょうがくせい》でも利用《りよう》できるものがあるよ。

だけど、顔《かお》が見《み》えないネットでの物《もの》やお金《かね》のやりとりは、トラブルがおきやすいんだ。利用《りよう》するときは、かならずおとなといっしょに使《つか》うようにしよう。

売《う》り買《か》いする前《まえ》に相手《あいて》の評価《ひょうか》をチェックしよう!

クイズ深掘《ふかぼ》り!

売《う》り買《か》いでおこるトラブル

フリマアプリは、だれでも気軽《きがる》に売《う》り買《か》いできるのが魅力《みりょく》。だけど、なかにはこわれたものや、にせものを売《う》りに出《だ》している人《ひと》がいるんだ。安《やす》すぎるものには要注意《ようちゅうい》。返品《へんぴん》を断《ことわ》られることも多《おお》いから、ひとりで判断《はんだん》して売《う》り買《か》いするのは絶対《ぜったい》にやめよう。

問題《もんだい》 15

最近《さいきん》よく聞《き》くスマホ中毒《ちゅうどく》。かかっている可能性《かのうせい》があるのはどんな人《ひと》？

むずかしさ★★★

A スマホで音楽《おんがく》を聴《き》きながら運動《うんどう》する人《ひと》

B スマホで動画《どうが》を長時間《ちょうじかん》観《み》る人《ひと》

A～Dから正《ただ》しいものを選《えら》んでね

C 睡眠時間《すいみんじかん》をけずってスマホでゲームをする人《ひと》

D 友《とも》だちといるときもスマホが気《き》になる人《ひと》

カンナー!!

答《こた》え

B・C・D

スマホで動画《どうが》を長時間《ちょうじかん》観《み》る人《ひと》、
睡眠時間《すいみんじかん》をけずって
スマホでゲームをする人《ひと》、
友《とも》だちといるときもスマホが気《き》になる人《ひと》

スマホがないといられなくなるスマホ中毒《ちゅうどく》

1日《にち》に何時間《なんじかん》も動画《どうが》を観《み》ている、睡眠《すいみん》や食事《しょくじ》もとらずにスマホに熱中《ねっちゅう》、友《とも》だちとの会話中《かいわちゅう》もスマホばかり見《み》ている……。そんな人《ひと》はスマホ中毒《ちゅうどく》になっているかもしれないよ。

スマホ中毒《ちゅうどく》になると、スマホがそばにないと不安《ふあん》で落《お》ち着《つ》かなくなったり、イライラしたりと、こころが不安定《ふあんてい》になるんだ。また、睡眠不足《すいみんぶそく》や運動不足《うんどうぶそく》によって、からだにもいろいろな悪《わる》い影《えい》響《きょう》が出《で》てしまうんだよ。

ひどい場合《ばあい》は、
病院《びょういん》に相談《そうだん》することも
できるよ

クイズ深《ふか》掘《ぼ》り！

今日《きょう》はおしまい！
あの動画《どうが》の続《つづ》き…

スマホ中毒《ちゅうどく》を治《なお》すには？

とにかくスマホにさわる時間《じかん》を減《へ》らすのが一《いち》番《ばん》！　スマホをさわる時間《じかん》をきちんと決《き》めて、それ以外《いがい》の時間《じかん》は目《め》に入《はい》らない場所《ばしょ》にしまっておこう。また、通知《つうち》が届《とど》かないように設定《せってい》しておくのもおすすめ。スマホの利用時間《りようじかん》を制限《せいげん》するアプリもあるよ。活用《かつよう》してみよう。

スマホ中毒《ちゅうどく》がひどくなると…

スマホ中毒《ちゅうどく》が悪化《あっか》すると、生活《せいかつ》リズムがくるうだけでなく、骨格《こっかく》や視力《しりょく》など、からだにも悪影響《あくえいきょう》があらわれるんだ。ここではその一部《いちぶ》を紹介《しょうかい》するよ。使《つか》う時間《じかん》を決《き》めるほか、正《ただ》しい姿勢《しせい》で使《つか》うことで防《ふせ》げるものもあるよ。

寝不足《ねぶそく》

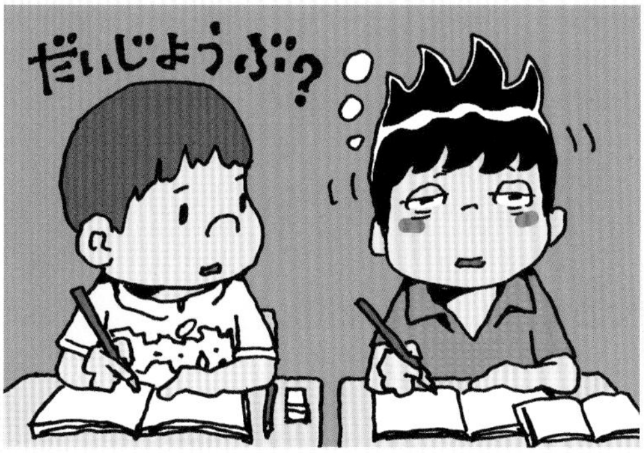

夜中《よなか》までスマホに熱中《ねっちゅう》していると寝不足《ねぶそく》を引《ひ》きおこすよ。また、スマホの画面《がめん》から出《で》る光《ひかり》には、睡眠《すいみん》を浅《あさ》くしてしまう力《ちから》もあるんだ。睡眠《すいみん》が十分《じゅうぶん》とれないと集中力《しゅうちゅうりょく》や注《ちゅう》意力《いりょく》が下《さ》がるほか、かぜをひきやすくなるなど、健康《けんこう》にも悪《わる》い影響《えいきょう》が出《で》るよ。

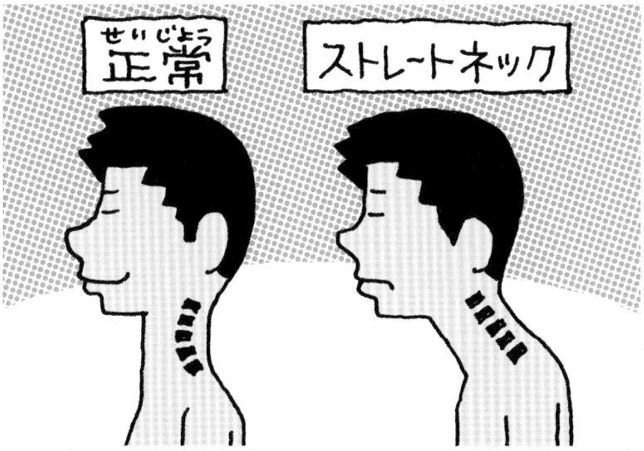

骨《ほね》の異常《いじょう》

スマホを悪《わる》い姿勢《しせい》で長時間《ちょうじかん》使《つか》っていると、首《くび》の骨《ほね》がゆがんで、「ストレートネック」と呼《よ》ばれる状態《じょうたい》になるんだ。ひどくなると、首《くび》の痛《いた》みのほか肩《かた》こりや頭痛《ずつう》を引《ひ》きおこすよ。ストレートネックになると、治《なお》すのがとてもたいへんなんだ。

視力《しりょく》の低下《ていか》

スマホの画面《がめん》には強《つよ》い光《ひかり》が使《つか》われているんだ。だからずっと見続《みつづ》けていると、目《め》がどんどん疲《つか》れていくよ。それをほうっておくと、視力《しりょく》が落《お》ちてしまうんだ。また、右目《みぎめ》と左目《ひだりめ》の黒目《くろめ》の位置《いち》がバラバラになる斜視《しゃし》などの病気《びょうき》になってしまう危険《きけん》もあるよ。

問題《もんだい》16 タブレットのせいで成績《せいせき》が下《さ》がったとしかられた！ どうすればいい？

むずかしさ★★★

A タブレットをやめる

B ルールを決《き》めて使《つか》う

答《こた》え B

ルールを決《き》めて使《つか》う

ルールを守《まも》って使《つか》えば便利《べんり》なアイテム！

タブレットやスマホを使《つか》いすぎていると、それだけ勉強《べんきょう》したり、からだを休《やす》めたりする時間《じかん》が減《へ》ってしまうよね。そうなると、学《がっ》校《こう》の成績《せいせき》が下《さ》がることもありうるよ。だから、使《つか》い方《かた》はきちんと決《き》めておこう。「1日《にち》に使《つか》っていいのは1時間《じかん》まで」「勉強《べんきょう》や睡眠《すいみん》を優先《ゆうせん》させる」など、家族《かぞく》と話《はな》し合《あ》ってルールをつくるといいんだ。じょうずに使《つか》えばとても便利《べんり》なタブレット。うまく付《つ》き合《あ》う方法《ほうほう》を見《み》つけて生活《せいかつ》に役立《やくだ》てていこう！

利用《りよう》時間《じかん》を決《き》めて、勉強《べんきょう》などを優先《ゆうせん》させよう

クイズ深掘《ふかぼ》り！

ルールが守《まも》れなかったとき どうするかも決《き》めておこう

スマホのルールを決《き》めるときには、守《まも》れなかったときのことを考《かんが》えておくのも大事《だいじ》だよ。ルールをやぶったとき、どうするかは自分《じぶん》で考《かんが》えてみよう。それを家族《かぞく》と話《はな》し合《あ》い、紙《かみ》に書《か》いてみんなが見《み》えるところにはっておくといいよ。

エピローグ　ネットであそびも勉強《べんきょう》も！

この前《まえ》のテストを返《かえ》すよー
がんばったねマサキくん！
エヘヘ
マサキ！今回《こんかい》のテストいい点《てん》とれたみたいね！
カンナ！うんじつはね…
ちょっと成績《せいせき》が落《お》ちちゃったからパパやママに相談《そうだん》してさ…
勉強《べんきょう》アプリを始《はじ》めてみたんだ！
勉強《べんきょう》アプリ？
勉強《べんきょう》のスケジュールをつくったり、どれだけ勉強《べんきょう》したか管理《かんり》したりできるんだ
へー
テストまで●●日《にち》
今週《こんしゅう》の目標《もくひょう》7時間《じかん》
4.2時間《じかん》
それにおなじアプリを使《つか》っている人《ひと》と勉強法《べんきょうほう》を教《おし》え合《あ》うこともできるよ！
暗記《あんき》は替《か》え歌《うた》でおぼえるといいよ♪
なるほど！

じつはわたしも今回《こんかい》のテストよかったの
へー! なにか始《はじ》めたの?
わたしは塾《じゅく》アプリ!
塾《じゅく》の先生《せんせい》が授業《じゅぎょう》を動画《どうが》で配信《はいしん》してくれるの! とってもわかりやすいよ!
わからなかったところは何度《なんど》も観《み》られるし
質問《しつもん》にも答《こた》えてくれるの!
タブレットやスマホを買《か》ったばかりのときは、ついついゲームや音楽《おんがく》にのめりこんじゃったこともあったけど…
使《つか》い方《かた》によっては勉強《べんきょう》もあそびももっともっと楽《たの》しくなるね!
これからもタブレットやスマホをじょうずに使《つか》いこなしていこう!!

ゲームや音楽《おんがく》、動画《どうが》を安全《あんぜん》に楽《たの》しもう！

ネットを使《つか》えばはなれている人《ひと》といっしょにゲームをしたり、たくさんの音楽《おんがく》や動画《どうが》を楽《たの》しんだりすることができるんだ。安全《あんぜん》に使《つか》うために、大事《だいじ》なポイントを知《し》っておこう。

ゲームや音楽《おんがく》などを楽《たの》しむときのポイント

安心《あんしん》できるサイトからダウンロードする

ゲーム・音楽《おんがく》アプリや動画《どうが》サイトのなかには個人情報《こじんじょうほう》を盗《ぬす》むなど不正《ふせい》な動《うご》きをするものも。公式《こうしき》アプリ・公式《こうしき》サイトなど信頼《しんらい》できるところ以外《いがい》でダウンロードするのはさけよう。

個人情報《こじんじょうほう》のあつかいに注意《ちゅうい》

ゲームに熱中《ねっちゅう》していると、うっかり名前《なまえ》や住《す》んでいる場所《ばしょ》を伝《つた》えてしまいがち。犯罪《はんざい》に巻《ま》きこまれないよう、個人情報《こじんじょうほう》は絶対《ぜったい》に伝《つた》えないようにしよう。

オンラインでも礼儀正《れいぎただ》しく

ゲームのなかだからといって、いいかげんな態度《たいど》をとっているとトラブルの原因《げんいん》に。実生活《じっせいかつ》とおなじく、あいさつやことばづかいを大切《たいせつ》にしよう。

使《つか》いすぎに注意《ちゅうい》

ゲームや音楽《おんがく》、動画《どうが》に夢中《むちゅう》になって、パソコンやスマホを使《つか》いすぎると、からだやこころに悪影響《あくえいきょう》が出《で》るんだ。1日《にち》に使《つか》う時間《じかん》を決《き》めておくことが大事《だいじ》だよ。

課金《かきん》はおとなに相談《そうだん》

ゲームでアイテムを買《か》ったり、音楽《おんがく》や動画《どうが》をダウンロードしたりするときにはお金《かね》がかかることも。勝手《かって》に課金《かきん》せず、かならずおとなに相談《そうだん》しよう。

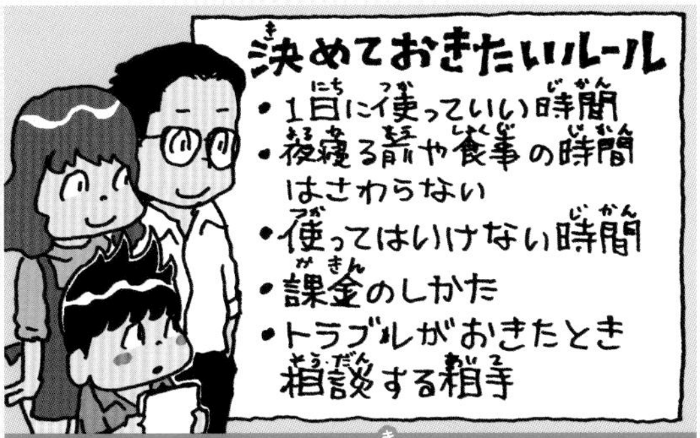

ルールを決《き》める

使《つか》いすぎやトラブルに巻《ま》きこまれることを防《ふせ》ぐためには、使《つか》い方《かた》のルールを決《き》めるのがおすすめ。使《つか》える時間《じかん》やこまったときにすべきことなどを家族《かぞく》と話《はな》し合《あ》おう。

知《し》ってると役立《やくだ》つ！ 課金《かきん》できない設定《せってい》にしておけばより安心《あんしん》

オンラインゲームやネットでの音楽《おんがく》・動画《どうが》視聴《しちょう》は「知《し》らないあいだに高額《こうがく》の課金《かきん》をしていた！」という問題《もんだい》もおきやすいんだ。そこで、パソコンやスマホには子《こ》どもが勝手《かって》に課金《かきん》しないようにできる機能《きのう》が用意《ようい》されているよ。うまく活用《かつよう》してインターネットをもっと安全《あんぜん》に楽《たの》しもう。

アプリの利用制限機能《りようせいげんきのう》を活用《かつよう》

Apple《アップル》のファミリー共有《きょうゆう》、Google《グーグル》のファミリーリンクなど、無料《むりょう》で制限機能《せいげんきのう》を使《つか》えるものもある。

もし高額《こうがく》の課金《かきん》をしてしまったら？

「未成年者《みせいねんしゃ》が法定代理人《ほうていだいりにん》の許可《きょか》を得《え》ずにした契約《けいやく》はとりけしできる」という法律《ほうりつ》があるんだ。だけど、保護者《ほごしゃ》のクレジットカードを勝手《かって》に使《つか》ったり、年齢《ねんれい》を偽《いつわ》っていたりした場合《ばあい》は、とりけしは認《みと》められないよ。軽《かる》い気《き》もちで課金《かきん》をすると、とりかえしのつかないことになることをおぼえておこう。

こまったときは専門《せんもん》の窓口《まどぐち》へ

SURVIVAL COLUMN

「アカウントをのっとられた」「ネットゲームで知《し》りあった人《ひと》に個人情報《こじんじょうほう》を伝《つた》えてしまった」など、ネットのトラブルでこまったときは、専門《せんもん》の窓口《まどぐち》に相談《そうだん》しよう。子《こ》ども専用《せんよう》の窓口《まどぐち》もあるから、安心《あんしん》して連絡《れんらく》できるよ。

事件《じけん》に巻《ま》きこまれたときはすぐ警察《けいさつ》へ！

相談前《そうだんまえ》に準備《じゅんび》しよう

1
じつは…
いっしょに考《かんが》えよう!

すぐにおとなに相談《そうだん》する

まずはおとなに相談《そうだん》しよう。「怒《おこ》られるかも」とないしょにしていると問題《もんだい》が大《おお》きくなってしまうよ。

2
10月《がつ》28日《にち》16時《じ》ごろ
レベル上《あ》げをしてくれるというサイトがあった。パスワードを送《おく》ったら、アカウントをのっとられてしまった。

トラブルの内容《ないよう》を整理《せいり》する

被害《ひがい》を受《う》けた日《ひ》や時間《じかん》、内容《ないよう》、今《いま》の状況《じょうきょう》を紙《かみ》に書《か》き出《だ》しておこう。スムーズに相談《そうだん》できるよ。

3
From：レベル上《あ》げ代行《だいこう》サイト
件名《けんめい》：アカウントを教《おし》えてください
マサキさま
レベル上《あ》げ、さっそくやりますので、つぎの3つを教《おし》えてください。
・アカウント名《めい》
・ID
・パスワード
そのメールプリントしとこうね

証拠《しょうこ》になるものを印刷《いんさつ》する

不正《ふせい》な請求《せいきゅう》メールや、イヤな書《か》きこみなどは、すぐに印刷《いんさつ》しよう。いざというときの証拠《しょうこ》になるよ。

相談窓口一覧《そうだんまどぐちいちらん》

都道府県警察本部《とどうふけんけいさつほんぶ》サイバー犯罪相談窓口《はんざいそうだんまどぐち》

HP https://www.npa.go.jp/cyber/soudan.html

詐欺《さぎ》や不正《ふせい》な高額請求《こうがくせいきゅう》など、ネット犯罪《はんざい》について相談《そうだん》できる各都道府県警察窓口《かくとどうふけんけいさつまどぐち》を紹介《しょうかい》。

消費者《しょうひしゃ》ホットライン

TEL 188

近《ちか》くの消費生活相談窓口《しょうひせいかつそうだんまどぐち》を紹介《しょうかい》。高額請求《こうがくせいきゅう》やネットショッピングでのトラブルの相談《そうだん》ができる。

こどものネット・スマホのトラブル相談《そうだん》！ こたエール

HP https://www.tokyohelpdesk.metro.tokyo.lg.jp

インターネットやスマホでのトラブルでこまっている都内在住《とないざいじゅう》、在勤《ざいきん》、在学者《ざいがくしゃ》のための相談窓口《そうだんまどぐち》。

子《こ》どもの人権《じんけん》110番《ばん》

TEL 0120-007-110

ネットでのいじめや中傷《ちゅうしょう》に関《かん》する相談《そうだん》ができる。子《こ》どもはもちろん、おとなも相談可《そうだんか》。

インターネット用語一覧《ようごいちらん》

サイト（ウェブサイト）

ウェブページのまとまりのこと。ウェブページとは情報《じょうほう》が書《か》かれたネット上《じょう》の文書《ぶんしょ》のことで、これを集《あつ》めてまとめたものをウェブサイトという。

アカウント

ネット上《じょう》のサービスを利用《りよう》するための権利《けんり》のこと。サービスごとに、個人情報《こじんじょうほう》などを登録《とうろく》してアカウントをつくる必要《ひつよう》がある。

ログイン／ログアウト

SNS《エスエヌエス》などのネットサービスを使《つか》うときに、パスワードなどを入力《にゅうりょく》して、そのアカウントのもち主《ぬし》であることを証明《しょうめい》すること。ログインすると、自分用《じぶんよう》のスペースに入《はい》れる。ログアウトはその逆《ぎゃく》。

SNS《エスエヌエス》

ソーシャル・ネットワーキング・サービス(Social Networking Service)の略《りゃく》。登録《とうろく》している人同士《ひとどうし》で交流《こうりゅう》したり、自分《じぶん》の情報《じょうほう》を発信《はっしん》したりできるサービス。

投稿《とうこう》

ネット上《じょう》に、文章《ぶんしょう》や画像《がぞう》、動画《どうが》などを公開《こうかい》すること。

アプリ（アプリケーション）

パソコンやスマホなどで、メールや通話《つうわ》、音楽《おんがく》・動画再生《どうがさいせい》などをするためのソフト。

アップロード／ダウンロード

アップロードはネット上《じょう》に文章《ぶんしょう》や画像《がぞう》などのデータを転送《てんそう》すること。アップともいう。逆《ぎゃく》にネット上《じょう》のデータを自分《じぶん》のパソコンやスマホにとりこむことをダウンロードという。

オンライン

ネットにパソコンやスマホがつながっている状態《じょうたい》のこと。

Wi-Fi《ワイファイ》

パソコンやスマホを無線《むせん》でネットにつなぐ技術《ぎじゅつ》のこと。

アクセス

ネットでサイトなどの情報《じょうほう》をさがして、そのなかみを見《み》ること。

スクリーンショット

パソコンやスマホの画面《がめん》を画像《がぞう》として、データに残《のこ》す機能《きのう》。スクリーンキャプチャ、スクショと呼《よ》ばれることも。

● 監修者

鈴木 朋子（すずき・ともこ）

ITジャーナリスト・スマホ安全アドバイザー。
システムエンジニアとして活躍した後、フリーランスに。SNSやアプリを中心とした記事の執筆を多く手がけるいっぽう、子どもの安全なIT活用をサポートする「スマホ安全アドバイザー」としても活動中。おもな著書に『クイズでわかる 小学生からのネットのルール』（主婦の友社）、『親が知らない子どものスマホ』（日経BP）、『親子で学ぶ スマホとネットを安心に使う本』（技術評論社）など。

NDC007.3
どっちを選ぶ？クイズで学ぶ！
インターネットサバイバル
③ゲーム・音楽・動画
監修・鈴木 朋子
日本図書センター
2022年　56P　23.7cm×18.2cm

● イラスト　　にしかわたく
● ブックデザイン　　釣巻デザイン室（釣巻敏康・池田彩）
● DTP　　有限会社エムアンドケイ（茂呂田剛・畑山栄美子）
● 編集　　小園まさみ
● 企画・編集　　株式会社 日本図書センター

※本書で紹介した内容は、
2021年11月時点での情報をもとに制作しています。

どっちを選《えら》ぶ？ クイズで学《まな》ぶ！

インターネットサバイバル

③ゲーム・音楽《おんがく》・動画《どうが》

2022年1月25日　初版第1刷発行
2024年8月25日　初版第2刷発行

監修者　鈴木朋子
発行者　高野総太
発行所　株式会社日本図書センター
〒112-0012 東京都文京区大塚3-8-2
電話　営業部　03-3947-9387
出版部　03-3945-6448
HP https://www.nihontosho.co.jp

印刷・製本　TOPPANクロレ株式会社

ISBN978-4-284-00105-2 C8337（第3巻）